BEI GRIN MACHT SICH IHR WISSEN BEZAHLT

- Wir veröffentlichen Ihre Hausarbeit,
  Bachelor- und Masterarbeit

- Ihr eigenes eBook und Buch -
  weltweit in allen wichtigen Shops

- Verdienen Sie an jedem Verkauf

Jetzt bei www.GRIN.com hochladen
und kostenlos publizieren

GRIN ☺

Selbstbestimmtes Wohnen und Wohnumfeld der Bewohner von Seniorenheimen. Eine raumsoziologische Untersuchung

Tanja Hammer

Bibliografische Information der Deutschen Nationalbibliothek:

Die Deutsche Nationalbibliothek verzeichnet diese Publikation in der Deutschen Nationalbibliografie; detaillierte bibliografische Daten sind im Internet über http://dnb.d-nb.de abrufbar.

ISBN: 9783346575746
Dieses Buch ist auch als E-Book erhältlich.

Druck und Bindung: Books on Demand GmbH, Norderstedt Germany
Gedruckt auf säurefreiem Papier aus verantwortungsvollen Quellen

Das vorliegende Werk wurde sorgfältig erarbeitet. Dennoch übernehmen Autoren und Verlag für die Richtigkeit von Angaben, Hinweisen, Links und Ratschlägen sowie eventuelle Druckfehler keine Haftung.

Das Buch bei GRIN: https://www.grin.com/document/1151453

FernUniversität in Hagen

Institut für Soziologie – Stadt- und Regionalsoziologie

Sommersemester 2014

BA Kulturwissenschaften mit Fachschwerpunkt

Modul W3 – Stadt und Raumentwicklung

Selbstbestimmtes Wohnen und Wohnumfeld bei Bewohnern von Senioren-heimen

Vorgelegt von

Tanja Hammer

am

7.5.2014

Inhalt

Die Anlage wurde aus urheberrechtlichen Gründen von der Redaktion entfernt.

Was gibt es Angenehmeres als ein Greisenalter,
das umgeben ist von einer Jugend,
die von ihm lernen möchte

Cicero 106-43 v. Chr

1. Einleitung

Wie ermöglicht oder verhindert das Wohnen im Altenheim und das Wohnumfelder die Zufriedenheit und Sicherheit alter Menschen trotz oder gerade wegen eines Umzugs? Wie kann selbstbestimmtes Wohnen gelingen? Hier ist nicht die Gesamtheit derer, die eine bestimmte chronologische Altersgrenze überschritten haben im Blick, sondern hilfebedürftige, in ihrer Gesundheit eingeschränkte alte Menschen nicht spezifizierten Alters. Nicht im Fokus sind Themenfelder wie Altersarmut, Gendergesichtspunkte und Bedürfnisse älterer Migranten, Behinderter Menschen sowie besonders Vermögender. Eine Überrepräsentation von Frauen in der Untersuchungsgruppe ergibt sich durch die längere Lebenserwartung von Frauen und der großen Zahl an Männern, die im 2. Weltkrieg ihr Leben ließen, heute jedoch potentiell der zu untersuchenden Gruppe zuzurechnen wären. So sehr das biologische Alter, die Art des Hilfebedarfs, Bildung und Sozialisation unterscheiden, allein gemein ist, dass sie nicht (mehr) am Erwerbsleben teilhaben und in einer gemeinsamen Wohnform leben.

Im zweiten Kapitel soll auf die Heterogenität der Altenheimbewohner eingegangen werden. Hier kann ein Versuch gewagt werden der Frage nachzugehen, ob man alt gemacht wird durch eine abhängige Wohnform.

Anforderungen, die an Alte und Alternde gestellt werden selbstbestimmt zu meistern, erfordern bestimmte räumliche Voraussetzungen. Es kann davon ausgegangen werden, dass bis ins hohe Alter eine gewisse Plastizität und Anpassungsfähigkeit möglich ist, dennoch muss für einen gelungenen Umzug in ein Altenheim die Barrierefreiheit in den Blick genommen werden. Daraufhin soll im dritten Kapitel der private Bereich untersucht werden. Im vierten Kapitel wird versucht, die Fähigkeiten und Fertigkeiten der Altersheimbewohner in Beziehung zu den baulichen Maßnahmen des Quartiers, des Stadtteils zu setzen. Im letzten Kapitel kann mit den gewonnenen Erkenntnissen ein Standortvorteil durch die Anpassungen an den hohen Altenanteil im Quartier verhandelt werden.

2. Konstitution von Altersheimbewohnern

Im Altenheim wohnen sich ursprünglich fremde Menschen unterschiedlichster Konstitution und Herkunft beiderlei Geschlechts zusammen und begegnen sich in der Privatheit des

Wohnens. So divergent die jeweilige Vorerfahrungen und Einschränkungen bei den Bewohnern eines Altenheimes sein mögen, so sicher ist, dass diese so gravierend empfunden werden, dass ein Leben daheim zugunsten eines im Heim aufgegeben wird. Veränderungen der Körpergestalt, körperlicher und geistiger Abbau treten in unterschiedlichen Ausprägungen auf und führen häufig in Kombination mit einer den veränderten Bedürfnissen, Fähigkeiten und finanziellen Möglichkeiten nicht angepassten Wohnumgebung zur Aufgabe des angestammten Wohnumfeldes hin in die Betreuung.[1] Dort soll das Wohlbefinden und wesentliche Kompetenzen aufrechterhalten bleiben, die Lebenswelt möglichst wenig eingeschränkt werden.[2]

Im Gegensatz zu einem Aufenthalt in einer Rehe oder einem Krankhaus, vermag der Umzug in ein Altenheim keine Verbesserung der gesundheitlichen Situation zu versprechen, sondern führt die Endlichkeit des Lebens vor Augen, was bei Menschen mit entsprechenden Dispositionen zu psychischen Belastungen führen kann.

„Um das soziale Verhalten eines Menschen zu verstehen, mag es wichtiger sein, den Standort zu betrachten, den er im Familienlebenszyklus erreicht hat, als sein tatsächliches Alter."[3] Alter allein reicht für die Bestimmung der Konstitution nicht aus. U. Lehr erinnert, dass altern nicht nur den medizinisch – biologischen Bereich betrifft, sondern gleichermaßen neben den körperlichen Funktionen auch die seelisch-geistigen und sozialen Strukturen.[4] Dem Gemeinplatz, im Alter nähme die Intelligenz ab, setzt Rosenmayr Ergebnisse von Querschnittsuntersuchungen entgegen, die feststellen, dass je älter eine Untersuchungsgruppe im Querschnitt sei, seltener Personen mit höherer Bildung oder Berufsausbildung anzutreffen seien, dagegen die Zahl derer mit niedrigerem Bildungsniveau steige. In jüngeren Altersgruppen verhielte es sich entgegengesetzt.[5] Um einen höheren Bildungsabschluss zu erlangen, setzt Rosenmayr ein größeres Maß an Intelligenz voraus. Daraus kann geschlossen werden, dass mit der großen Jahrgangsdurchmischung in Altenheimen Menschen unterschiedlichster Intelligenzkapazitäten anzutreffen sind. M. Spitzer führ in Bezug auf Demenz den Vergleich zu einer Bergwanderung an: Wer von

---

[1] Altern und Erkranken sind unterschiedliche Vorgänge, die häufig Wechselwirkungen eingehen, z.B. Messfehler beim Blutdruck und Blutzucker messen durch Einbußen der Sinnesorgane oder Missverstehen der Technik. Bestimmte Veränderungen treten im Alter vermehrt auf: Osteoporose, Athropie oder Gelenkversteifung Lungenemphyseme, Diabetes Typ II, Hypertonie, Arthrose, Arteriosklerose, Demenz, Schlaganfall. Das Familienheim als Einpersonenhaushalt kann zu groß, aufwendig zu pflegen und kostspielig sein.

[2] BfFSFJ: Mobilität und gesellschaftliche Partizipation im Alter. Kohlhammer. S. 52ff.

[3] Rosenmayr, Hilde und Leopold: Der alte Mensch in der Gesellschaft. Rosenmayr zitieren Lansing/Kish 1957, S. 512. Demnach verhält sich der Älteste in der Familie wie der Älteste, egal ob er 60 oder 90 Jahre alt ist.

[4] Lehr, Ursula: Psychologie des Alterns.

[5] Vgl: Rosenmayr, Hilde und Leopold: Der alte Mensch in der Gesellschaft. S. 41-45

einem sehr großen Berg herab läuft, braucht länger, bis er ganz unten ist, wer nur einen Hügel hinabsteigt, ist schneller unten.[6]

Dem 6. Altenbericht ist zu entnehmen, dass ältere Menschen mit höherem Bildungsniveau ein geringeres Morbiditäts- und Mortalitätsrisiko als gleichaltrige mit geringem Bildungsniveau hätten.[7] Dieses ginge mit großer Wahrscheinlichkeit mit Einschränkungen durch körperliche Erkrankungen und Einschränkungen einher. Jedoch seien gesundheitliche Beeinträchtigungen kein Gradmesser für die individuelle und subjektive Einschätzung des eigenen Gesundheitszustandes. Nimmt ein Bewohner Verlustprozesse als normal an, wird die Einschränkung sein Altersbild nicht negativ beeinflussen.[8] Generell muss bedacht werden, dass es üblich ist, die Konstitution junger Gesunder mit der alter „Gebrechlicher" zu vergleichen. Korrekter wäre, eine Person im Erwachsenenalter mit ihr selbst im Alter zu vergleichen. Altern ist etwas individuelles, was schon Plato in seiner Politeia betonte. Es sei von jedem Einzelnen anhängig, wie er den „Mühseligkeit des Alterns" begegne.[9] Nun sind Bewohner in Altenheimen nicht nur alt, sie werden auch noch älter. Im zweiten Altenpflegebericht wird davon ausgegangen, dass Bewohner von Altenheimen hilfs-, jedoch nicht pflegebedürftig sind. Gleichzeitig wird erwähnt, dass in vielen Altenheimen auch Pflege geleistet wird.[10] Dies ist eine logische Folge dessen, dass das Altenheim der meist letzte Wohnort ist und ein Bewohner

sich vom hilfs- in einen pflegebedürftigen Menschen entwickeln kann. Wie es sich auf die Konstitution von Bewohnern auswirkt, mitzuerleben, wie Mitbewohner einen Leistungsabfall durchleben, ist noch nicht erforscht.[11]

Intelligenz, Familienstand, Bildungsniveau, Kompetenzen, gesundheitliche Verfassung und Charakterzüge, die ein Mensch im laufe seines Lebens prägten, wirken entscheidend auf das Bild, dass ein alter Mensch von sich selber hat und bei anderen weckt.[12] Ferner hat altern den Effekt, dass man in einer „bestimmten Zeit aufgewachsen" ist und erzogen wurde.[13] Owens konnte „hohe Korrelationen zwischen Erhalten bzw. Abnahme intellueller Fähigkeiten

---

[6] Vg. Spitzer, Manfred: Digitale Demenz
[7] 6. Altenbericht, S 159
[8] 6. Altenbericht, S. 159-160
[9] Lehr, Ursula: Psychologie des Alterns. S. 15
[10] Zweiter Altenbericht, S. 126.
[11] Lehr, Ursula: Psychologie des Alterns. S. 137. Über Entwicklungen der Leistungsmotivation im Erwachsenenalter sind wenige Informationen bekannt, über die der speziellen Gruppe „Altenheimbewohner" können nur Ableitungen vorgenommen werden,
[12] Im 2. Altenbericht werden diese um die Faktoren Status, Anzahl der Verwandten, Haushaltseinkommen, Erfahrungshintergrund und nationale/ethische Zugehörigkeit ergänzt, die sich auf die Situation alternder Menschen auswirken. 2. Altenpflegebericht, S. 313
[13] Rosenmayr, Leopold: S. 262/263

einerseits und Ausmaß des Berufserfolgs, Ausmaß der allgemeinen Zufriedenheit mit dem Lebensschicksal auch im privaten Bereich mit Persönlichkeitsvariablen wie Aktivität, Anregbarkeit und auch mit der Bereitschaft zu Sozialkontakten andererseits" feststellen.[14] Derzeit können demnach Menschen unterschiedlichster Sozialisation und Konstitution in einem Altenheim aufeinander treffen, die schon eigenständig Lebend im Stadtteil „zuhause" waren oder ganz fremd sind.

Lehr gibt an, dass 3% bis 4% der über 65 Jährigen in Heimen „untergebracht" seien.[15] Um der negativen Konnotation des Begriffes „untergebracht" entgegenzuwirken, soll hier der Begriff „leben" oder „wohnen" Anwendung finden. Ablehnend begegnen viele Alte dem Wohnen im Altenheim, da sie es als „Abgeschoben werden von der Familie" wahrnehmen oder den Endgültigkeitscharakter scheuen.[16] Lehr stellt fest, dass Bewohner diese Annahme als Denkparadigma ihrer Umwelt vermuten. Angehörige der sozialen Mittelschicht folgen diesem Denken mehr als sozial niedere und höhere Schichten.

Einen Verlust zeitlicher und örtlicher Orientierung zeigten 34% der un- oder falsch auf den Heimaufenthalt vorbereiteten Menschen. Es empfiehlt sich höchste Vorsicht, diese Anpassungsschwierigkeiten nicht mit den ersten Anzeichen einer Demenz zu verwechseln. Um diesen Schwierigkeiten, sowie Formen der Resignation, Lebensunlust und dem Verlust der Selbtbestimmtheit durch fehlgeleitete Adaptionsleistungen zu vermeiden, sind frühzeitige Kontaktaufnahme mit dem Altenheim als Wohn- und Lebensraum von immenser Wichtigkeit. Der Einzug ins Altenheim kann dem Prozess der Desozialisation und Isolation von fragilen Menschen entgegenwirken.[17] Folgt man einer These der Dissagementtheorie, die besagt, das die soziale Umwelt Personen Verhaltensänderungen aufzwingt, indem Werte wie Leistungsfähigkeit und Jugendlichkeit propagiert werden und diejenigen, die diesen Werten nicht entsprechen oder sie nicht bedienen können, abgewertet werden, sind Alte und Alternde im Altenheim unter „Ihresgleichen" und müssen sich in ihrem Wohnumfeld nicht diesen für das Selbstwertgefühl

---

[14] Vgl: Psychologie des Alterns S. 80ff : Die hier untersuchten Daten entstammen um 1900 geborener Menschen. Es kann zumindest angezweifelt werden, ob der Alterungsprozess und Zustand im Alter sowie die Lebenserwartung von Menschen, die zwei Weltkriege überlebt haben, mit den zukünftigen Alten und dem heutigen Altern vergleichbar sind.

[15] Psychologie des Alterns, S. 260

[16] ebd. S. 263 Diese Ansicht findet sich in der Stadtbevölkerung seltener als auf dem Land. Hier können möglicherweise ein Zusammenhang mit den Zahlen aus der Statistik der Anlage 6 konstruiert werden, wenn man davon ausgeht, dass in Großstädten ein Zuzug von Arbeitnehmern, Studenten und Familien erfolgt.

[17] In städtischen Gebieten besteht die Gefahr der Vereinsamung, da durch Mobilitätseinbußen ambulante Angebote für Alte nicht erreicht werden, in ländlichen Gebieten gibt es kaum Angebote.

ungünstigen Faktoren stellen. Wird den Bewohnern ihre Abhängigkeit und Begrenzung der Selbstständigkeit vorgeführt, indem sie auf ihre Abhängigkeit von Pflegekassen, Dienstleistungen und Hilfen ständig hingewiesen werden, kann dies zu sinkendem Selbstbewusstsein, mangelndem Eigenantrieb und geringer Aktivität aufgrund der fehlenden Anerkennung ihrer Person führen, was sich negativ auf die Gesamtkonstitution auswirken kann.

3. Erwartungen an den privaten Bereich im neuen Wohnbereich

Eine ressourcenorientierte Wohnumgebung, die keinen Bewohner aus dem Blick verliert, könnte es möglich machen, mit Vulnerabilität, Resilienzen, psychischen wie physischen Beeinträchtigungen und demenziellen Formen so umzugehen, dass ein selbstbestimmtes Leben bis zum Ende möglich ist. Erleben sozialer Beziehungen wird im Altenheim nicht mehr vordergründig durch funktionale Rollen, sondern auch durch das zusammen Wohnen und die damit verbundenen gemeinsamen Erlebnisse (gemeinsamer Arzt, dieselbe Gedächtnistrainingsgruppe, Zimmernachbarn) strukturiert.[18] Diese Erfahrungen sind von den Voraussetzungen, die der Wohnraum bietet, durchdrungen.

3.1. Nähe und Distanz

Für Städter, die es gewohnt sind, in ihrer Kommunikation unpersönlich bei Begegnungen mit Fremden zu bleiben und sich ihnen nur in einer bestimmten Rolle zu präsentieren, entsteht im Altenheim eine ungewohnte Nähe. Auf dem Land sind alte Menschen daran gewöhnt, andere in mehreren Rollen zu kennen (Sohn von xy, Vereinsvorstand und Bäcker), nun treffen sie auf Fremde mit fremdem Hintergrund, was ihnen die Integration in die Gemeinschaft erschweren kann. Da Individuen im Altenheim dichter zusammen leben als in der Privatwohnung und jeder davon weniger Zimmer zu seiner eigenen Nutzung hat, ist die Interaktionsdichte und die räumliche Nähe groß.[19] Die Interaktionen im Altenheim gehen durch die gemeinsamen Mahlzeiten, gemeinsam besuchten Veranstaltungen (Bingo, Gedächtnistraining, etc.), die räumliche Nähe, die vielen, jedoch ähnlichen Eindrücke und die längere Zeit, die alternde Menschen in ihrer Wohnumgebung verbringen über das Maß der Kontakte im eigenständigen Wohnen mit den Nachbarn hinaus. Daraus ist zu schließen, dass Wechselbeziehungen im Altenheim weniger von Distanz denn von Nähe geprägt sind. Wesentlich ist es darum, eine innere Distanz zur „Außenwelt" aufrechterhalten zu können.[20] Gardinen an Fenstern, Sichtschutz auf Balkonen

---

[18] Vgl.: Studienbrief Stadtsoziologie S. 13-37
[19] Vgl. Anlage 1- 17 qm scheinen eine weitverbreitete Größe von Einzelzimmern in Altenheimen, wobei den Bewohnern nur 1 Zimmer für die private Nutzung zur Verfügung steht.
[20] Vgl. Die Charakter der Großstädter. In: Studienbrief: Stadtsoziologie

schützen vor Blicken Fremder, Nischen und Rückzugsorte im Heim und dessen Garten ermöglichen Momente der inneren Einkehr und Ruhe. Im Zimmer sollte Gestaltungsfreiheit möglich sein und Teile der eigenen Wohnungseinrichtung im Sinne einer gelungenen Biografiearbeit untergebracht werden. Aus diesem Grund sind Einzelzimmer der Mehrfachbelegung vorzuziehen.[21] Dies wird auch im zweiten Altenbericht erkannt, in dem das Einzelzimmer mit Bad ohne Kochmöglichkeit als typisch für ein Altenheim angesehen wird. [22] Ein Konzept, wie das Betreuungsverhältnis bei Demenzerkrankten gestaltet werden kann, um das Nähe-Distanz-Empfinden anderer Bewohner nicht einzuschränken, muss erarbeitet werden.[23]

3.2. bauliche Barrierefreiheit

31,4% der 70-85 Jährigen müssen keine Barrieren in Form von Treppen überwinden, wenn sie ihre Wohnung betreten wollen.[24] Bauvorhaben ab 1. Million Euro des Bundes sind seit 2002 nach dem Behindertengleichstellungsgesetz barrierefrei zu gestalten.[25] Damit müssen die Architektur des Altenheimes und die Wege dahin hindernisfrei sein, jedoch können nicht alle Einschränkungen Berücksichtigung finden. Üblicherweise werden Gang- und Gleichgewichtsschwierigkeiten durch Rampen, Aufzüge, doppelte Geländer, Überfahrschutz bei Wegen, Vermeidung von „Stolperfallen", Rollstuhlgeeignete Wege und Bodenbeläge, entsprechend breite Türrahmen sowie Handläufe berücksichtigt.[26] Türen dürfen nicht nur mechanisch zu öffnen sein, damit diesen Vorgang auch Menschen im Rollstuhl selbständig ausführen können und somit selbstbestimmt ihrer Wege gehen können. Ist jede Etage in einer anderen Farbe gehalten, ist eine Orientierung leichter. Besonders für dementiell Erkrankte ist dies von Bedeutung, da Verhaltensauffälligkeiten durch eine Einschränkung der Selbstbestimmung verstärkt werden können.[27] Inhalte sollten über zwei Kanäle erfahrbar sein. Dabei ist darauf zu achten, dass Geschriebenes so groß präsentiert wird, dass eine Sehschwäche keine Barriere darstellt. Ansagen sind in einfacher Sprache und angemessen Laut sowie wiederholt zu machen. Zimmer und Badezimmer müssen so gestaltet sein, dass ein selbstbestimmtes Bewegen mit Rollator und Rollstuhl möglich ist. Duschen sind mit bodenflachem Ausstieg, Sitz- und Haltemöglichkeit zu gestalten, Rollläden optimal per Knopfdruck elektrisch zu öffnen und zu schließen.

---

[21] 2. Altenbericht, S. 186
[22] Zweiter Altenbericht, S. 126.
[23] Deutscher Ethikrat: Demenz und Selbstbestimmung, S.66-73
[24] Vgl: Anlage 2
[25] Vgl: Planen-Bauen-Wohnen, ein Handbuch
[26] 4. Altenbericht, II.2. und 3.1.2.3
[27] Vgl: Kruse, Andreas. Altern in unserer Zeit. S. 30

3.3. soziale Barrierefreiheit

Soziale Barrierefreiheit beginnt bereits bei der Wahl des Altenheimes. Der alte Mensch sollte entscheiden, ob die konfessionelle Ausrichtung des Heimes seinen Vorstellungen entspricht oder er eine andere Trägerschaft favorisiert. Stellt das Konzept des Heimes eine vermeintlich unüberbrückbare Barriere dar? Ebenfalls muss die vorgegebene Besuchszeit sowie das Konzept zur Bewahrung der Intimsphäre mit den persönlichen Vorstellungen in Einklang zu bringen sein.[28]

Um dem Einzelnen ein würdevolles, möglichst selbstbestimmtes Altern zu ermöglichen, muss auf die Mehrheit der Bewohner durch Möglichkeiten der Steigerung der Lebenszufriedenheit, Gesundheit und Selbstbestimmung eingewirkt werden. Der daraus resultierende Synergieeffekt kommt nicht nur dem Einzelnen und der Gruppe der Bewohner, sondern auch dem Pflegepersonal und dem Ruf des Heimes zugute, wodurch sich wiederum gedankliche Barrieren der Umwelt ausräumen lassen können und das Altersbild positiv beeinflusst wird.

Barrieren entstehen, wenn keine Besucher zum Essen eingeladen werden können und Abmeldungen vom Essen nicht möglich sind. Generell nimmt die Öffnung des Heimes für die Öffentlichkeit einen großen Platz ein, wenn es um soziale Barrierefreiheit geht. Das Heim sollte kein Hindernis sein im Quartier, sondern mit ins öffentliche, kulturelle Leben einbezogen werden. Gegenseitige Besuche, etwa arrangiert mit Vereinen, Musikschulen und Kindergärten beugen einer Unterversorgung mit Anregungen und Informationen vor, die bei Bewohnern Ängste und Neugierde begünstigen würden und sie zu potentiell uninteressanten Gesprächspartnern werden ließe, was in der Folge kombiniert mit Bewegungseinschränkungen eine soziale Isolation begünstigt.

Soziale Barrierefreiheit kann angestrebt werden, in dem Bewohner über ihre finanziellen Mittel selbstbestimmt entscheiden dürfen und nicht von den Leitungen der Pflegekassen abhängig sind. Es müssen dahingehend Angebote eingerichtet werden, die die individuellen finanziellen Möglichkeiten berücksichtigen. Es ist darauf zu achten, dass ein „Grundservice" für alle Bewohner mit dem Monatsbetrag abgegolten ist. Gesundheitliche Einschränkungen dürfen kein Hindernis sein für die soziale Teilhabe. Fahrdienst, Inhouse-Angebote, Patientenpaten und Begleitdienste können diese Barrieren überwinden und eine Verbindung zum Quartier aufbauen helfen.

Soziale Barrierefreiheit meint auch, dass Bewohner selber entscheiden dürfen, wann sie zu Bett gehen, zu welcher Uhrzeit sie ihre Mahlzeiten einnehmen und welche Menge sie verzehren.[29]

---

[28] Vgl: BfFSJFAuf der Suche nach der passenden Wohn- und Betreuungsform S 69 ff.
[29] Vgl: BfFSFJ: Auf der Suche nach der passenden Wohn- und Betreuungsform.

Dies setzt eine felxible Gestaltung der Essenzeiten und – zubereitung voraus. Bewohner sollten an der Speiseplangestaltung und –zubereitung nach ihren Möglichkeiten und Interessen beteiligt werden. Diäten müssen berücksichtigt werden. Daraus folgt, dass in kleinen Häusern deutliche Vorteile zu sehen sind. Der Vorteil größerer Häuser ist die größere Auswahl an potentiellen Gesprächspartnern, was dem Problem der Vereinzelung im Alter entgegen wirken würde.[30] Für an Alzheimer erkrankte Bewohner ist für die selbstbestimmte Ableitung des Bewegungsdranges und motorischer Unruhen die Nutzung von Schaukelstühlen und Rundläufen innerhalb des Heimes vorzusehen. Auf Fixierungen ist zu verzichten, dafür sollte der Schlaf-Wachrhythmus flexibel gehandhabt werden. Anbieten würde sich ein Nachtcafé, in dem Bewohner, die später schlafen gehen wollen, betreut sind, Kontakt- und Aufenthaltsmöglichkeiten haben.

Soziale Barrierefreiheit kann hergestellt werden, wenn diejenigen, die die Barrieren am besten kennen, in die Entscheidungsfindung und Wohnumfeldgestaltung einbezogen werden. Bewohner- und Angehörigenräte, demokratisch gewählt, sind daher unbedingt zu empfehlen.[31] Veränderte Bedürfnisse und Bedarfe werden so schnell erkannt und können mit politischen Entscheidungsträgern kommuniziert werden.

Soziale Kontakte sind von Ressourcen und Begrenzungen des Wohnumfeldes aber auch von eigenen inneren Begrenzungen und Ressourcen abhängig. Ein optimal konstruiertes Umfeld bedeutet, dass es ein optimal konstruiertes Umfeld ist, nicht, das darin automatisch soziale Kontakte geknüpft und gelebt werden können. Dies kann nur geschehen, wenn die Bewohner dieses Umfeld mit ihren Fähigkeiten, Fertigkeiten und Begrenzungen annehmen, es als subjektiv optimal empfinden, sie ein gewisses Maß an Adaptionsfähigkeit mitbringen.

3.4. kommunikative Barrierefreiheit

Bei der Bewertung von Kommunikation mit Bewohnern ist zu bedenken, dass eine vermeintliche Senilität auch einem Abwehrmechanismus oder Angst, etwas Falsches zu sagen, geschuldet sein kann und nicht den schwindenden geistigen Kräften.[32]

Erik H. Erikson sieht die Mitwirkung an der Erziehung folgender Generationen als probates Mittel, Egozentrismus entgegen zu wirken.[33] Dies kann im nichtfamiliären Kontext und in einer Zeit, in der es paradoxerweise viele Alte gibt, aber auch sehr viele Kinder, die ohne direkten

---

[30] Vgl: Planen-Bauen-Wohnen; ein Handbuch. S. 101-105
[31] Vgl. Anlage 7. Politische Veranstaltungen werden von der Mehrheit der 70-85 Jährigen nicht besucht, ihr Recht zu wählen nehmen Alternde, möglichweise aufgrund ihres Erfahrungshinter grundes wahr (vgl. Lehr, U. Psychologie des Alterns)
[32] Oberleder (1964) In: Psychologie des Alterns, S. 83
[33] Mobilität und Gesellschaftliche Partizipation im Alter. Stuttgart, Kohlhammer 2002.S. 66

Kontakt zu Großeltern aufwachsen, eine große Chance darstellen.[34] Die Kombination aus Hinwendung zur nächsten Generation, Auseinandersetzung mit dem bereits gelebten Leben und den daraus gewonnenen Einsichten, gebraucht und erwartet werden, dass Absehen von einer ausschließlichen Beschäftigung mit dem eigenen, gebrechlicher werdenden Körper, einem Angenommen sein mit allen Stärken und Schwächen und ein Abwechslung zum sozialen Umfeld bestehend aus ausschließlich „Seinesgleichen" kann zu einem gelungenen Dialog zwischen Alt und Jung führen und das Bild vom Altern und Alt sein auf beiden Seiten positiv beeinflussen. Der Kontakt zur nachfolgenden Generation kann Sprechanlass und Motivation zum Sprechen gleichermaßen sein. Es bieten sich Kooperationen mit Schulen und Kindergärten an, möglich ist auch, das Altenheim und Kindergarten in einem Gebäudekomplex untergebracht werden. Eignen würde sich die Bauform des Clusters

Rosenmayr erinnert, dass Bewohner mit „Sie" angesprochen werden sollten, um zum Ausdruck zu bringen, dass ihnen mit Wertschätzung begegnet wird.[35] „Auf Unterstützung und Pflege angewiesene Menschen haben das Recht, sich nicht über ihre Behinderung und ihren Unterstützungsbedarf definieren zu müssen."[36] Dies muss im Kommunikationsstil zwischen Arzt/Therapeut und Bewohner deutlich werden. Eine Kommunikation auf Augenhöhe muss stattfinden können. Anglizismen sind zu vermeiden, jedoch auch eine Wortwahl, die einem Kind angemessen währe.

4. Erwartungen an den öffentlichen Bereich im neuen Quartier

Im Kommentar zum sechsten Altenbericht wird resümiert, dass „der demografische Wandel (stellt) eine gesellschaftliche und politische Herausforderung dar (stellt), deren Bewältigung auch dadurch gefördert wird, dass einseitig negative Altersbilder revidiert werden".[37] Stadtplanerisch kann dies bedeuten, dass die Sicherheit der Umgebung sich an den Schwächsten Teilnehmern orientiert: alte oder gebrechliche Menschen und Kinder. Durch diesen Grundsatz wird ein Altenfreundliches Quartier Kinder- und Familienfreundlich und somit zukunftsfähig.

---

[34] 50% - 67% haben Enkelkinder o. Kinder in der gleichen Stadt, in der sie selber leben. Aus: Mobilität und Gesellschaftliche Partizipation im Alter, S. 138
[34] Kommentar zum 6. Altenbericht, S. 515
[35] Vgl: Rosenmayr, Leopold: Arbeit – Freizeit – Lebenszeit. Opladen, Westdt. Verlag 1988
[36] Kommentar, 6. Altenbericht, S. 519
[37] Sechster Altenbericht, S. 515, Kapitel 4.1. Änderungen in Klammer von T. Hammer vorgenommen.

4.1. grünplanerische Maßnahmen

„Es muss vermieden werden, dass Benachteiligungen allein aufgrund des kalendarischen Le-bensalters entstehen (negative Diskriminierung); aber auch Begünstigungen und Privilegien sollten nicht nach Lebensalter gewährt werden (positive Diskriminierung)(...)"[38] Aus dieser Empfehlung zum 6. Altenbericht geht hervor, dass Stadt nicht eine selektive Öffentlichkeit bie-ten, weder für alternde Menschen, noch für vitale, finanzstarke Erwachsene, noch für sonst eine spezielle Gruppe, sondern ein Lebensraum für alle darstellen soll.[39] Grünplanerische Maßnah-men sollten sich aufgrund des begrenzten Platzangebotes und teuren Grundes durch Nutzungs-mischung auszeichnen. Beispielsweise sind Spielplätze

nicht ausschließlich für Kinder zu konzipieren, sondern als Generationenspielplätze anzulegen, die Treffpunkt für Jung und Alt sein können und die Bedürfnisse und Bedarfe mehrerer Kom-petenzstufen bedienen.

Grünflächen sind von besonderer Bedeutung, da Bewohner des Heimes potentiell immer da sind, niemand einer Erwerbstätigkeit nachgeht, die ihn regelmäßig und über mehrere Stunden außer Haus „zwingt". Die Grünanlage rund ums Heim stellt einen Rückzugsort, der selbstbe-stimmt aufsuchbar ist, dar und kann eine Erweiterung und Aufwertung des Wohnumfeldes bie-tet, mit der die gewohnte Betätigung und Erholung im eigenen Garten kompensiert werden kann. Für dementiell Erkrankte Menschen bieten Rundwege in der Grünanlage eine Möglich-keit der Ableitung ihres Bewegungsdranges gekoppelt mit dem Bedienen des Wunsches nach Freiheit, alleine draußen zu sein. Die Strukturierung der Zeit wird erlebbar durch Beobachten und Erleben von Jahreszeiten mit seinen je eigenen Pflanzen, Tieren und Gerüchen. Hierdurch erleben Altenheimbewohner eine Stimulierung ihrer Sinne, das Gedächtnis wird angeregt und Kontaktmöglichkeiten eröffnen sich.

Die Grünanlage stellt einen Raum dar, der Besuche ermöglicht, ohne die Privatheit des eigenen Zimmers des Bewohners zu berühren.[40] Eine Einladung zum Besuch können Bewohner so leichter aussprechen. Im Spaziergang ergeben sich Gespräche und Kontaktmöglichkeiten unter den Angehörigen.

Begrünte Gemeinschaftsräume grenzen ein Altenheim von einem Krankenhaus ab und lassen eine heimelige Atmosphäre entstehen, auch der Geruch kann positiv beeinflusst werden. Grün-planerische Maßnahmen erstrecken sich nicht nur auf Parkähnliche Anlagen rund ums Heim und die Gemeinschaftsräume, sondern auch auf eine Begrünung der Fassade. Die Bedeutung und das Platzangebot, das den grünplanerischen Maßnahmen beigemessen wird, bestimmt mit

---

[38] Empfehlungen zum 6. Altenbericht, S. 517
[39] Vgl: 2. Altenbericht, S.127: Charakteristik des Wohnumfeldes.
[40] BfFSFJ: Mobilität und Gesellschaftliche Partizipation im Alter. Kohlhammer, S. 36-37.

den Eindruck, ob die Bebauung großstädtisch oder ländlich empfunden wird und sich die Bewohner zuhause fühlen.[41]

4.2. Wege- und Straßenplanung

Das Mobilitätsniveaus der über 74 Jährigen im Jahr 1982 im Vergleich zu 1997 stagniert bei gleichzeitigem Anstieg der Mobilität der Kohorte der 50 – 65 Jährigen.[42] Ein überraschendes Bild entsteht. Menschen haben bis ins 74. Lebensjahr ihre Mobilität gesteigert, was auch ein Indiz für Eigenständigkeit, Selbtbestimmtheit und Teilhabe am öffentlichen Leben ist, um dann ab dem 75. Lebensjahr deutlich zurückzufallen. Auffallend ist jedoch, dass sich der Grad der Einsamkeit in der Altersgruppe der über 70 Jährigen nicht deutlich verändert.[43]

Eine Wegeinfrastruktur geprägt von Übersichtlichkeit und Sicherheit durch ausgeleuchtete und gut einsehbare Wege sind im Sinne einer Sturzsicherung, aber auch aus Gründen des „sich sicher fühlens" für alternde Menschen von Bedeutung, vermitteln aber auch jüngeren Frauen ein größeres Maß an Sicherheit. Materialien des Wege- und Straßenbelages sind nicht unbedingt ortsüblich, sondern funktional anzubringen: ebener, möglichst auch bei Nässe rutschhemmender Belag, auf dem Rollatoren, Rollstühle aber auch Kinderwägen und Rollkoffer gut gleiten und nicht blockieren. Auf Hindernisse wie hohe Randsteine ist zu verzichten. Die Ränder von Wegen und Straßen müssen einen Überfahrschutz bieten. Sitzgelegenheiten bewahren vor Überforderung und sind in regelmäßigen Abständen an den Wegen aufzustellen und vor Vandalismus zu schützen. Daneben ist freier Platz für einen Rollstuhl einzuplanen. Um die Nutzer der Wege vor Autoverkehr zu schützen, sind Pollern anzubringen.

Ab dem 80. Lebensjahr werden 4/5 der Wege mit dem Öffentlichen Personennahverkehr, Fahrrad oder zu Fuß zurückgelegt. Radwege sind so zu markieren, dass sie auch mit Seheinschränkung als solche erkannt werden. Für Altenheimbewohner bieten sie eine Möglichkeit, sich in frischer Luft körperlich zu betätigen, dabei etwas für ihre Fitness zu tun und sich in der nahen Umgebung selbstbestimmt zu bewegen. Parkplätze sind in ausreichender Zahl für Personal und Besucher zu planen, um „wildes Parken" auf Gehwegen zu vermeiden.

Besuche von Freunden und Verwandten werden im Vergleich zwischen den 80er und 90er Jahren des 20. Jahrhundert zum Jahr 2000 aktiver gepflegt in der Altersgruppe der 55 bis 94

---

[41] Vgl: Reicher, Christe: Städtebauliches Entwerfen.

[42] BfFSFJ: Mobilität und Gesellschaftliche Partizipation im Alter. Kohlhammer

[43] Anlage 3: Grad der Einsamkeit der bis 69 Jährigen: 75,1; ab 70: 77,0; Es war nicht feststellbar, ob diese Altersgruppe Wege gefunden hat, trotz gesundheitlicher Einschränkungen weiterhin außerhäußige Kontakte zu pflegen, ob sie vermehrt Besuche empfangen, hier die neuen Medien eine Rolle spielen oder sich das persönliche Empfinden von Einsam sein verändert.

Jährigen. Besuchswege werden in großstädtischen Regionen mit den öffentlichen Verkehrsmitteln zurückgelegt. Nur 22 % der Älteren nutzen im Jahr 2000 regelmäßig diese Möglichkeit, Distanzen zu überwinden. Das sind 6% weniger als in den 80er Jahren.[44] Die Anbindung an den öffentlichen Nahverkehr erlaubt Bewohnern von Altenheimen, Therapeuten ihrer Wahl zu kontaktieren sowie an kulturellen Veranstaltungen teilzuhaben. Haltestellen sind daher fußläufig erreichbar einzurichten, mehr Haltestellen im Streckennetz einzuplanen, um Fußwege gering zu halten und diese nachts und bei Dämmerung gut zu beleuchten. Sie müssen einsehbar und barrierefrei sein. Fahrpläne sollten der eingeschränkten Sehfähigkeit der Altenheimbewohner angepasst und zweifach angebracht sein: Einmal in Höhe von stehenden Erwachsenen, so dass sich niemand mit körperlichen Einschränkungen bücken und dabei einen Sturz riskieren muss, sowie in Augenhöhe eines Rollstuhlfahrers. Fahrkartenautomaten sind benutzerfreundlich zu gestalten.

4.3. Kulturelle und Kirchliche Treffpunkte

Im sechsten Altenbericht wird eindeutig eine Pflicht zu Angeboten von Bildung und Weiterbildung über den kompletten Lebenszyklus gefordert. Es ist festzuhalten, dass alternde Menschen nicht generell als die Lernenden verstanden werden müssen. Volkshochschulen, private Bildungseinrichtungen aber auch das Altenheim können die Möglichkeit nutzen, alternden Menschen ein Forum zu bieten, ihr erworbenes Wissen und ihre Kenntnisse weiterzugeben und sie als Zeitzeugen zu Wort kommen zu lassen. Konzerte, Theater- und Museumsbesuche, Buchbesprechungen, Vorlesezeiten, Fernseh- und Hörspielveranstaltungen sind ebenso geeignet wie das regelmäßige Zugänglichmachen von Zeitungen und Zeitschriften, um die Teilhabe an kulturellen Themen zu gewährleisten. Als Veranstaltungsort eignen sich Buchhandlungen, Volkshochschulen, Kirchen und Räumlichkeiten im Altenheim gleichermaßen, wobei die unterschiedliche Orte verschiedene Anregungen und Impulse geben. Es wurde durch empirische Forschungen erkannt, dass ein signifikanter Abfall geistiger Fähigkeiten durch eine anregende und zur eigenen Aktivität ermunternde Umgebung vorgebeugt werden kann.[45] Besondere Beachtung muss bettlägerigen, aber geistig nicht eingeschränkten Bewohnern zuteil werden. Es ist noch nicht gesichert, dass die Gesundheit alleine als leistungsbestimmender Faktor gewertet werden kann oder ob die weniger anregende Umwelt für die Abnahme geistiger Plastizität

[44] BfFSFJ: Mobilität und gesellschaftliche Partizipation im Alter. Kapitel 3.2: Mobilität und Sicherheit, S. 37-40.
[45] Lehr, Ursula: Psychologie des Alterns. S. 75; empirische Forschung durch Weinstock und Ben nett (1968,1969) mit einer Vergleichsgruppe gleichen Alters, sozialem Status, Familienstand, Gesundheitszustand, IQ.

ursächlich ist. Mit diesem Wissen muss medikamentöse Ruhigstellung noch achtsamer abgewogen werden.

Bei kirchlichen und kulturellen Angeboten ist darauf zu achten, dass die Bewohner nicht ausschließlich Nutzer und Konsumenten sind. Das Altenheim kann, sollte aber nicht immer, Gastgeber von kulturellen Veranstaltungen oder Veranstaltungsort sein. Bewohner sollten auch angeregt werden, die Wege zu Angeboten der umliegenden Vereine auf sich zu nehmen. Ein selbstbestimmtes Leben zu führen bedeutet auch, dass Menschen die Angebote annehmen, die ihre Interessen bedienen, nicht nur die, die naheliegend sind. Das Leitungsteam des Heimes sollte bei umliegenden Vereinen, Museen und Bildungsträgern aktuelle Angebote einholen und die Informationen den Bewohnern zugänglich machen. Durch eine gelungene Aktivierung können Bewohner in der Lage sein, an Seniorennachmittagen von Vereinen, öffentlichen Seniorentreffs, Stricknachmittagen der Kirchengemeinde oder ähnlichen Aktivitäten teilzunehmen und ihre Kompetenzen in Vereinen einzubringen. Dieser anregende Umweltkontakt aktiviert und bildet nicht nur die teilnehmende Person, sondern gibt durch sie auch neue Gesprächsimpulse im Altenheim, was zu einer Anregung innerhalb der Bewohnergruppe führt.

Das Klavier im Speisesaal kann Kindern zum Üben zur Verfügung gestellt werden, die dieses Instrument lernen, jedoch zuhause nicht über eine Übemöglichkeit verfügen. Im Gegenzug wäre ein Schüler oder Lehrer der Musikschule sicher bereit, regelmäßig den Gesang der Bewohner mit Klavierbegleitung zu unterstützen. Das gemeinsame Singen kann auch für die Alten Menschen aus der Nachbarschaft oder die früheren Nachbarn der Bewohner geöffnet werden, so dass über den kulturellen Programmpunkt Musik ein Sprechanlass geschaffen, die Stimme gekräftigt, eine tiefe Atmung angeregt und die Gedächtnisleitung aktiviert wird. Dieses Angebot käme dementen Bewohnern sehr zugute, die Lieder gut erinnern. Bei entsprechend geneigten Bewohnern und Pflegekräften wäre auch ein Heimchor möglich, der die Weihnachtsfeier in der Schule untermalt. Synergien sollten genutzt werden. Ob Bewohner an kulturellen Veranstaltungen teilnehmen, hängt auch von ihrer Bildung und ihrem Altersbild ab. „Individuelle Altersbilder werden von Faktoren beeinflusst, die aus vorausgegangenen Lebensphasen wirken oder die die individuelle Sozialisationserfahrung über den gesamten Lebenslauf geprägt haben."[46] Erkannt wurde, dass sich Zeiten der Arbeitslosigkeit und Erwerbsunfähigkeit negativ auf das Altersbild auswirkt, was dazu führen kann, das individuelle Potential unausgeschöpft zu lassen.[47] Konkret hieße dies, dass ein Bewohner auf Konzertbesuche verzichtet, weil er es sein ganzes Leben schon tat und es nie als Verzicht gedacht hat. Es kann festgehalten werden,

---

[46] Rosenmayr, Hilde und Leopold. Der Alte Mensch in der Gesellschaft, S. 15-36
[47] Ebd S. 156

dass Teilhabe an kulturellen Veranstaltungen eng mit dem individuellen Altersbild verknüpft ist. Auch das in der Gesellschaft gültige Altersbild kann zur Folge haben, das Alte ihr Verhalten an „Altersstereotype" anpassen.[48] Das Religionsgemeinschaften für ältere Menschen von großer Bedeutung seien, stellt der 6. Altenbericht fest. Die religiöse Bindung der Bewohner an ihren Glauben und ihre Kirchen ist möglich zu machen, wobei keine Glaubensrichtung übervorteilt werden darf. Möglich sind neben Besuchen von Messen im Heim und in der Kirche, Synagoge oder ähnlichem die Krankenkommunion, Besuchsdienste und mitfeiern von im Fernsehen übertragenen Gottesdiensten im Gemeinschaftsraum für bettlägerige Bewohner.

Bewohnern sollten Veranstaltungen nicht nur optional angeboten werden, sondern auch weniger motivierte, „unterprivilegierten Schichten"[49], passive, verbitterte alternde Menschen zu diesen Aktivitäten motiviert und aktiviert werden. Zu Ausstellungen, Konzerten oder Kirchgängen kann eine Fahrgemeinschaft organisiert werden, so dass auch die Bewohner, die selbst mit einer optimalen Straßen- und Wegeplanung überfordert sind, gemeinschaftlich kulturelle oder kirchliche Inhalte erleben können. Selbstbestimmte Besuche von Veranstaltungen oder Kirchgängen müssen jederzeit möglich sein, wobei es Vereinbarungen innerhalb des Heimes geben muss, wann und wie nach abgängigen Bewohnern gesucht wird.

5. Resümee

Es hängt von einem Zusammenspiel an Repertoire erlernter Verhaltensweisen, psychischen Erlebens, Gesundheitszustand und erfahrener Bildung ab, ob Aktivität, Angepasstheit, Ängstlichkeit, Neurotrizismus oder Rigidität im Alter gezeigt wird, die Gesellschaft anderer geschätzt werden kann und Anpassungsleistungen gelingen. Es kann festgehalten werden, dass Altern von vorherigen Lebensphasen und der genossenen Bildung beeinflusst wird und jede Zeit neue Herausforderungen an „ihre" Alten und Alternden stellt. Bei heutigen Alten macht sich der Umstrukturierungsprozess im Lebenslauf bemerkbar: weniger Kinder die sich in einer flexibilisierten Arbeitswelt bewegen und nicht in Elternnähe wohnen und eine längere Zeit zwischen Austritt aus dem Erwerbsleben und Tod. In dieser „längeren Zeit" treffen Altern und Erkranken häufig zusammen. Viel Forschungsenergie sollte darum darauf verwandt werden, für typische Erkrankungen, die Einschränkungen herbeiführen, Präventionsmaßnahmen zu entwickeln und Heilungschancen zu eröffnen. Zusätzlich muss dringend darüber nachgedacht werden, wie eine

---

[48] Ebd S 51ff
[49] Rosenmayer, Hilde und Leopold S. 156

optimale, selbstbestimmte Pflege und Betreuung in Altenheimen und anderen Betreuungsformen finanziert werden soll. Es zeigt sich, dass eine *Verwahrung* unserer Alten in Altenheimen den Abbauprozess geistiger und körperlicher Kräfte beschleunigt und damit aufwendigere, einschränkende Pflege notwendig macht. So werden höhere Pflegestufen notwendig, die größere Ausgaben für die Pflegekassen bedeuten, für die Finanzierung eines soliden Pflegeplatzes jedoch nicht ausreichen. Darüber hinaus kann es sich eine hochentwickelte Gesellschaft auf Dauer nicht leisten, Menschen nur so lange zu schätzen, wie diese etwas zur messbaren Wertsteigerung beitragen und sie im Alter sich selbst, ihren Einschränkungen und privaten finanziellen Mitteln zu überlassen. Jüngere Generationen würden auf diese Weiße stärker belastet (finanziell und ethisch-moralisch) und einer negativen Zukunftsperspektive ausgesetzt.

Gute Altenheime stellen eine Aufwertung des Quartiers dar, da sie so gestaltet sind, dass niemand durch Hindernisse an der Teilhabe am öffentlichen Leben ausgegrenzt wird, die Wege- und Stadtplanung Menschen mit dauerhaften oder temporären Mobilitätseinschränkungen (Gepäck, Kinderwagen, Verletzung) zugute kommt, Fremde und in ihren Kompetenzen Eingeschränkte sich leicht zurecht finden (logische, einfach aufgebaute Fahrkartensysteme), sie einen Treffpunkt ohne Absicht der Kommerzialisierung darstellen, ein belastbares Gesundheitssystem vorweisen und dadurch Leerstände vermeiden helfen. So wird der Stadtteil für Familien und Alte attraktiv.

Abschließend kann festgestellt werden, dass nicht jedes Altenheim für jeden passend ist. Fraglich ist, ob sich jeder alte Mensch „sein" Heim aussuchen kann. Hinderlich können mangelnde freie Kapazitäten im „Wunschheim", zu hohe Kosten oder zu wenige Heime in der Nähe sein. Eine Zukunftsvision wäre, dass der demografische Wandel politische Entscheidungsträger dazu anregt, Altenheime analog zu Kindergärten quantitativ auszubauen und einen Rechtsanspruch auf einen Platz im Altenheim zu erwägen. Zu hoffen bleibt, dass dies dann nicht, analog zu Kindergärten, zu Lasten der Qualität geht.

6. Literaturverzeichnis

Primärliteratur:

BfFSFJ (Hrsg), Geißler, Clemens (Vorsitzender der zweiten Altenberichtskom
mission): Zweiter Bericht zur Lage der älteren Generation in der Bundesre
publik Deutschland. „Wohnen im Alter". In: CD: Bericht zur Lage der älte
ren Generation in der Bundesrepublik Deutschland.

BfFSFJ (Hrsg), Kruse, Andreas (Vorsitzender der Sechsten Altenberichtskom
mission): Sechster Bericht zur Lage der älteren Generation in der Bundesre
publik Deutschland. „Altersbilder in der Gesellschaft" .
http://www.bmfsfj.de/Redaktion BMFSFJ/Pressestelle/Pdf-nlagen/sechster-
altenbericht,property=pdf,bereich=bmfsfj,sprache=de,rwb=true.pdf
6.4.2014.

Sekundärliteratur:

Amrhein, Ludwig, Backes, Gertrud M.: Alter(n)sbilder und Diskurse des Al
ter(n)s. Anmerkungen zum Stand der Forschung. In: Zeitschrift für Geronto
logie und Geriatrie. 40,2 (2007), S. 104.111.

Auth, Diana: Die alternde Gesellschaft. Schwalbach, Wochenschau Verlag 2004.

Bäcker, Gerhard; Kistler, Ernst; Rehdfeld, Uwe G.: Flexibilisierung der Alters-
grenzen: Ein komplexes Thema. In: Bundeszentrale für politische Bildung.
URL: http://www.bpb.de/politik/innenpolitik/rentenpolitik/154882/flexi-bilisierung-
der-altersgrenzen (1.5.2014).

Backes, Gertrud: Alter(n) als „gesellschaftliches Problem"? Opladen, Westdt.
Verlag 1997.

Bäcker, Gerhard; Heinze, Rolf G.: Soziale Gerontologie in gesellschaftlicher
Verantwortung. Wiesbaden, Springer Fachmedien Wiesbaden 2013.

Beetz, Stephan: Altern in Gemeinde und Region. Stuttgart, Wiss. Verl.Ges. 2009.

Berner, Frank; Rossow, Judith; Schwitz, Klaus-Peter: Individuelle und kulturelle
Altersbilder. Wiesbaden, Verlag für Sozialwissenschaften 2012.

Bleuel Hans-Peter, Englbrecht Rupert: Lebensaufgabe: Stuttgart, Dt- Verl –Anst.
1976.

Bleyer, Bernhard; Braun, Irene; Ebner, Richard; Plank, Maria; Riecke, Ramona: Ein Projekt zur Qualifikation von Besuchsdiensten in stationären Altenhilfeeinrichtungen: Begegnungen gegen die Einsamkeit. In: Informationsdienst Altersfragen. Heft 1 2014; 41. Jahrgang, Seite 21 -24. Deutsches Zentrum für Altersfragen.

Buchen, Sylvia: Älterwerden neu denken. Wiesbaden, Verlag für Sozialwissen schaften 2008.

Deutscher Ethikrat (Hrsg): Demenz und Selbstbestimmung. Stellungnahme. http://www.ethikrat.org/dateien/pdf/stellungnahme-demenz-und-selbstbestimmung.pdf (1.5.2014)

Ehmer, Josef: Bilder des Alterns im Wandel. Stuttgart, Wiss. Verl. Ges. 2009.

Fischer, Lorenz: Die Wirkung der Institutionalisierung auf das Selbstbild alter Menschen. Köln, Böhlau 1976.

Flade, Antje; Limbourg, Maria; Schlag, Bernhard: Mobilität älterer Menschen. Opladen, Leske und Budrich 2001.

Forstmeier, Simon: Probleme des Alterns. Göttingen, Hogrefe 2008.

Greve, Werner: Selbst und Identität im Lebenslauf. In: Brandstädter, Jochen; Lindenberg, Ulman: Entwicklungspsychologie der Lebensspanne. Stutt gart, Kohlhammer 2007.

Gronemeyer, Reimer: Das 4. Lebensalter. München, Pattloch 2013.

Hüther, Michael; Naegele Gerhard (Hrsg): Demografiepolitik – Herausforderun-gen und Handlungsfelder. Wiesbaden, Springer 2013.

Inken, Ulrike: Orte des Alterns – Weichenstellung der Wohn-Lebens-Situation im höheren Lebensalter. In: Schriftenreihe Studien zur Gerontologie. Hamburg, Kovac 2007.

Kocka, Jürgen; Kohli, Martin; Streek, Manfred (Hrsg.): Altern in Deutschland Band 8. Alter: Familie, Zivilgesellschaft, Politik. Stuttgart, Wissenschaftli-che Verlagsgesellschaft 2009.

Koch, Achim (Hrsg): Politische Partizipation in der Bundesrepublik Deutsch land. Opladen, Leske & Budrick 2001.

Kruse, Andreas: Selbstständigkeit, Selbstverantwortung, bewusst angenommene Abhängigkeit und Mitverantwortung als Kategorie einer Ethik des Alters. In: Zeitschrift für Gerontologie und Geriatrie, 38,4 (2005) S. 223-237.

Kruse, Andreas: Der gesellschaftliche und individuell verantwortliche Umgang
mit Potentialen und Verletzlichkeit im Alter. In: Altern in unserer Zeit.
Frankfurt, Campus 2013.

Kubitzki, Jörg; Janitzek, Timmo: Sicherheit und Mobilität älterer Verkehrsteil
nehmer. Ismaning, Allianz Deutschland Unternehmenskommunikation
2009.

Lehr, Ursula: Zur Situation der älterwerdenden Frau. München, Beck 1987.

Lehr, Ursula: Psychologie des Alterns. 11. Auflage. Wiebelsheim, Quelle &
Meyer 2007.

Nowossadeck, Sonja; Engstle, Heribert: Report Altersdaten. Deutsches Zentrum
für Altersfragen. Heft 3,2013 Familie und Partnerschaft: http://www.dza.de
/fileadmin/dza/pdf/GeroStat_Report_Altersdaten_Heft_3_2013_PW.pdf.
7.4.2014

Reicher, Christa: Städtebauliches Entwerfen. Heidelberg, Springer-Vieweg 2013.

Rosenmayr, Leopold: Arbeit – Freizeit – Lebenszeit. Opladen, Westdt. Verlag
1988.

Rosenmayr, Leopold; König, René: Familie, Alter. Stuttgart, Enke Verlag 1976.

Rosemayr, Leopold und Hilde: Der alte Mensch in der Gesellschaft. Reinbek bei
Hamburg, Rowohlt 1978.

Rentsch, Thomas: Altern in unserer Zeit. Frankfurt a.M., Campus Verlag 2013.

Saake, Irmhild: Wann ist man alt? In: Theorien über das Altern . Opladen, West
deutscher Verlag 1998.

Saup, Winfried: Wenn Altersheimbewohner selbst bestimmen könnten. Augs-
burg, Verlag für Gerontologie 1993.

Saup, Winfried: Übersiedlung ins Altenheim. In: Beltz Forschungsberichte.
Weinheim, Beltz 1984.

Seeberger, Bernd; Billmann, Michael; Schüler, Susanne: Zur Lebenskunst im
Alter. In: Zeitschrift für Gerontologie und Ethik, 1,4 (2009) S. 291-307.

Statistisches Bundesamt: https://www.destatis.de/DE/Zahlen Fakten/Gesellschaft
Staat/EinkommenKonsumLebensbedingungen/Wohnen/Tabellen/Bewohnte   Wohnein-
heiten.html (5.4.2013).

Steinmetz, Jochen: Verbleib in der Gemeinde oder Umzug in ein Heim. In: Euro-
päische Hochschulschriften, Reihe 22, Soziologie, 165. Frankfurt a.M.,
Lang 1988.

Streich, Bernd: Stadtplanung in der Wissensgesellschaft. Wiesbaden, Springer 2011.

Streller-Holzner, Anna: Umzug ins Alterswohnheim? München, Reinhardt 1991.

Schäfers, Bernhard Dr.; Dr. Zapf, Wolfgang (Hrsg): Alter und Altern der Gesell schaft. In: Handwörterbuch zur Gesellschaft Deutschlands, 2. Auflage. Opladen, Leske & Budrich 2001.

Schlag Bernhard: Mobilität und gesellschaftliche Partizipation im Alter. In: Schriftenreihe des Bundesministeriums für Familie, Senioren, Frauen und Jugend. http://www.gerostat.de/de/module_as3_wo.html (5.4.2007).

Schmitz-Scherzer Reinhard; Lehr, Ursula: Altern. Darmstadt, Steinkopff 1990.

Schnur, Olaf: Quartiersforschung. Wiesbaden, Verlag für Sozialwissenschaften 2008.

Schulz-Nieswandt, Frank: Neue Wohnformen im Alter. Stuttgart, Kohlhammer 2012.

Sprenger, Reinhard K.: Das Prinzip Selbstverantwortung: Wege zur Motivation. Seite 86. Frankfurt a.M., Campus 2007.

Thieme, Frank: Altern(n) in der alternden Gesellschaft. Wiesbaden, Verlag für Sozialwissenschaften 2008.

Thomae, Hans: Persönlichkeit – Eine dynamische Interpretation. Bonn, Bouvier 1955.

Vater, Daniela; Zachraj, Eva: Wohnquartiere im Kontext demographischer und baulicher Alterung. In: Quartiersforschung zwischen Theorie und Praxis. Wiesbaden, Springer VS 2008.